사랑이 헛되다고 말하지 마세요.

행한 사랑은 결코 소멸하지 않습니다.

지금 당장 상대방의 마음을 풍요롭게 하지는 못했더라도,

그것은 수증기가 빗물이 되어 다시 돌아오듯,

우리의 생으로 다시 돌아와 새로움으로 가득 채울 것입니다.

-롱펠로우-

감사의 마음을 담아 이 책을
　　　　　　　＿＿＿＿＿＿＿＿＿ 님께 드립니다.

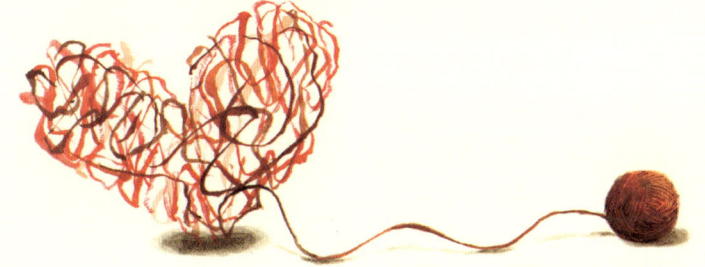

혈중사랑농도
5.0

혈중사랑농도 5.0

초판 1쇄 인쇄 2007년 01월 25일
초판 1쇄 발행 2007년 01월 30일

지은이(글 구성) | 박혜린
그린이 | 유정애
디자인 | 김왕기
펴낸이 | 박영만
펴낸곳 | 프리윌 출판사
     등록번호: 제2005-31호   등록년월일: 2005년 05월 06일
주소 | 경기도 고양시 일산서구 주엽동 90번지 강선마을 1703동 103호
전화 | 031-922-8303, 팩스 031-922-8303
E-mail | yangpa6@hanmail.net

© 프리윌출판사, 2007
ISBN 978-89-956801-6-2   03800

*책 값은 뒷표지에 있습니다. 무단 전재와 복제를 금합니다.

사랑은 언제나 진행형입니다

혈중사랑농도 5.0

글 구성 **박혜린** | 그림 **유정애**

프리윌

contents

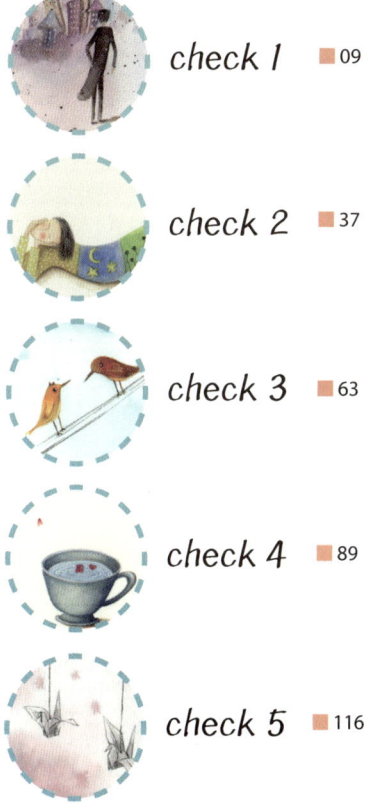

check 1   ■ 09

check 2   ■ 37

check 3   ■ 63

check 4   ■ 89

check 5   ■ 116

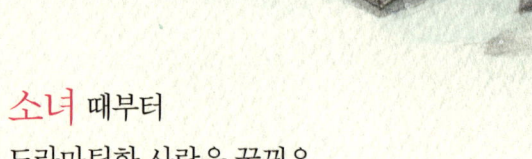

소녀 때부터
드라마틱한 사랑을 꿈꿔온
한 여자가 있었습니다.

그녀는
사랑에 관한 책이라면 빼놓지 않고 읽고,
사랑에 관한 음악이라면 다 골라 들었습니다.

그러던 어느 날,
그녀는 한 남자를 만났습니다.

그녀는
그 남자를 좋아하게 되었고,
두 사람은 하루도 빼놓지 않고 만났습니다.

그들은
만나면 즐거운 시간을 보내고,
헤어지면 만남에 대한 그리움으로
밤을 지새우고,
그렇게 서로의 사랑을 쌓아갔습니다.

그래서
그녀는 자신의 사랑만큼은
아주 색다른 빛깔이라고 믿었습니다.

그녀는
몇 년이 지나도 퇴색되지 않을 것 같은
사랑의 열정에 뿌듯해 했고,
남들과 다른 사랑을 한다는 자부심에 만족해했습니다.

하지만
그러던 어느 날,
그녀는 자신이 실체를 알 수 없는 사랑 속에
깊이 빠져있다는 사실을 발견했습니다.

자기가
대상을 사랑한 것이 아니라,
사랑이라는 환상을 사랑했다는 것을 알게 된 그녀는
그런 자신의 모습을 견딜 수 없어
그 남자와 이별을 했습니다.

그리고
이제 다시는
누군가를 사랑할 수 없을 것 같은
절망 속에서 살았습니다.

그러다
이별의 아픔이 차츰 희미해질 무렵,
다른 한 남자를 만났습니다.

그리고
언제나 편안하기만 한 그 남자를 사랑하게 된 순간,
'사랑은 키워낸 감정이 아니라 대상에 대한 이해'라는
사실을 깨달았습니다.

미숙한 사랑은
항상 상대가 비밀의 골짜기이기를 원하지만,

성숙한 사랑은
가장 가까이서 바라본 것들을 아름답게 여깁니다.

미숙한 사랑은
상대가 늘 아름답게 보이기를 소망하지만,

성숙한 사랑은
상대의 숨겨진 아름다움을 찾아냅니다.

미숙한 사랑은
상대가 있음으로 해서 더 많이 즐거워하려 하지만,

성숙한 사랑은
상대가 있음으로 해서 더 많이 총명해지고,
더 많이 용감해지고,
더 많이 아름다워지려 합니다.

미숙한 사랑은
상대를 너무 잘 알고 나면 흥미를 잃지만,

성숙한 사랑은
상대를 그렇게 잘 아는데도 사랑합니다.

미숙한 사랑은
싫고 좋고를 따지지만,

성숙한 사랑은
옳고 그름을 가릴 줄 압니다.

미숙한 사랑은
그 사람의 능력과 그 사람의 것을 중시하지만,

성숙한 사랑은
그 사람을 중시합니다.

미숙한 사랑은
사랑의 아픔을 잊기 위해 떠나가지만,

성숙한 사랑은
사랑의 아픔을 치료하기 위해 더욱 사랑합니다.

미숙한 사랑은
감정과 열정과 감각을 중시하지만,

성숙한 사랑은
의지와 약속과 배려를 중시합니다.

미숙한 사랑은
상대가 한결같기를 원하지만,

성숙한 사랑은
상대의 변화와 성장을 격려합니다.

미숙한 사랑은
자신의 이야기로 대화를 시작하지만,

성숙한 사랑은
당신의 하루는 어땠느냐고 묻습니다.

미숙한 사랑은
서로 마주보고 만족을 찾지만,

성숙한 사랑은
함께 앞을 바라보며 나아갑니다.

미숙한 사랑은
막연히 타인을 사랑하지만,

성숙한 사랑은
자신의 환경과 일을 사랑하는 바탕 위에서
타인을 사랑합니다.

미숙한 사랑은
한 사람을 진정으로 사랑할 수 있어야
모든 사람을 사랑할 수 있다고 생각하지만,

성숙한 사랑은
모든 사람을 사랑할 수 있어야
한 사람을 진정으로 사랑할 수 있다고 생각합니다.

미숙한 사랑은
낭만과 추억으로 열매를 따려 하지만,

성숙한 사랑은
노력으로 뿌리를 내리고, 인내로 줄기를 가꾸고,
감사로 꽃을 피우고, 정성으로 열매를 맺게 합니다.

유난히
외로움을 견디지 못하는
한 여자가 있었습니다.

그녀는
외로움이 밀려오는 밤이면
불빛을 찾아 떠도는 불나방처럼,
그 누구와라도 함께 하곤 했습니다.

그러던 어느 날,
그녀는 매사에 적극적인 한 남자를 만났습니다.
그는 늘 정열적인 행동으로
그녀를 외롭지 않게 해 주었습니다.

그러나 문득
그에게 사랑의 감정을 느꼈을 때,
그녀는 두려웠습니다.
그 남자의 적극성이…
그 남자의 열정이…
자신의 지난 일들이…

그래서
그녀는 자신의 감정에 충실하지 못했고,
결국 그 남자와 헤어져야 했습니다.

그리고 다시,
이 사람 저 사람을 만나
외로움을 달래며 살아가야 했습니다.

그러던 어느 날,
그녀는 다른 한 남자를 만났습니다.

그에게는 뜨거운 열정은 없었지만
늘 자신을 배려해주는 그 남자가,
묵묵히 사랑을 지켜 나가는 그 남자가
너무나 고마웠습니다.

그래서
그 남자를 사랑하자고,
자신에게 몇 번이나 맹세했지만
그 남자와의 사랑을 키워 가면 갈수록,
느낌 없는 사랑에 지쳐갔습니다.

그래서 결국
그녀는 그 남자와 이별을 했고,
이별의 슬픔에 목 놓아 울었습니다.
사랑은 머리가 아닌 가슴인 것을…
다시는 느낌 없는 사랑을 하지 않으리라 다짐하면서…

미숙한 사랑은
망설임으로 미래를 두려워하지만,

성숙한 사랑은
자신 있는 태도로 미래를 설계합니다.

미숙한 사랑은
사랑의 대상을 가리지만,

성숙한 사랑은
사랑의 대상에 구애받지 않고,
그것은 능력의 문제라고 생각합니다.

미숙한 사랑은
구속을 두려워 하지만,

성숙한 사랑은
구속 안에서 자유를 느낍니다.

미숙한 사랑은
내가 기댈 수 있는 사람을 찾지만,

성숙한 사랑은
상대가 기댈 수 있는 사람이 되어줍니다.

미숙한 사랑은
'난 당신이 필요해요, 그래서 당신을 사랑해요.'라고
말하지만,

성숙한 사랑은
'난 당신을 사랑해요, 그래서 당신이 필요해요.'라고
말합니다.

미숙한 사랑은
내면의 감정을 꼭꼭 숨겨두려 하지만,

성숙한 사랑은
내면의 감정을 적극적으로 표현합니다.

미숙한 사랑은
과거의 사랑에 집착하여 성장을 멈추지만,

성숙한 사랑은
과거의 사랑을 추억하며 앞으로 나아갑니다.

미숙한 사랑은
완성된 행복을 찾으려 하지만,

성숙한 사랑은
행복은 함께 만들어가는 것이라고 생각합니다.

미숙한 사랑은
상대의 과거를 캐려하지만,

성숙한 사랑은
상대의 과거를 묻지 않습니다.

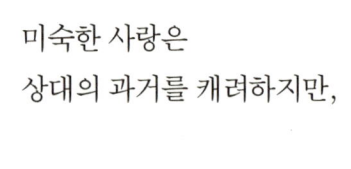

미숙한 사랑은
상대가 우는 것을 싫어하지만,

성숙한 사랑은
상대의 눈물로 인해 내 어깨가 젖어있습니다.

미숙한 사랑은
당신의 파티에 와인 한 병을 가져오지만,

성숙한 사랑은
당신의 파티에 미리 와서 돕고,
후에 남아서 정리하는 것을 도와줍니다.

미숙한 사랑은
넓은 가슴만을 좋아하지만,

성숙한 사랑은
깊은 가슴을 좋아합니다.

미숙한 사랑은
자신이 선택하려는 그 하나만을 보지만,

성숙한 사랑은
자신의 선택에서 제외 된 나머지까지 살필 줄 압니다.

미숙한 사랑은
세상에는 완벽한 남자와 완벽한 여자가 없다는 걸
아는데 그치지만,

성숙한 사랑은
완벽한 사랑이란 부족한 남자와 부족한 여자가 만나
조금씩 채워가는 것이란 걸 깨닫습니다.

check 3

사랑은
이러이러해야 한다고,
자신만의 정의를 가진
한 남자가 있었습니다.

그 남자는
사랑은 '여자를 바라볼 때의 가슴 뛰는 울렁임'이라고
생각했습니다.

그러던 어느 날,
그는 가슴 뛰는 울렁임을 느끼게 하는
한 여자를 만났습니다.

그는
바라만 봐도 가슴 설레는 그 여자를
사랑하게 되었고,
그 여자로 인해 살 수 있었습니다.

그러나
시간이 지나면서
바라만 봐도 가슴 뛰게 만들던 그 여자가
차츰 편하고 익숙한 일상이 되었을 때,
그는 더 이상 그녀에게서 매력을 느낄 수 없었습니다.

그래서
그 남자는 그녀와 이별을 했습니다.
더 이상의 가슴 뛰는 울렁임이 없었기에…

그러다
다시 누군가가 몹시 그리워질 즈음,
다른 한 여자를 만났습니다.

그녀에게는
가슴 뛰는 울렁임은 없었지만,
부담 없는 마음으로 그녀를 대할 수 있었고
만나면 그냥 편안하고 따뜻했습니다.

그래서
그는 문득 그 여자를 사랑하게 된 자신을 발견했을 때,
'사랑이란 획일화된 감정이 아니라 자연스러운 느낌'
이라는 사실을 깨달았습니다.

미숙한 사랑은
사랑을 뜨거운 감정으로 여기지만,

성숙한 사랑은
사랑을 따뜻한 눈빛으로 여깁니다.

미숙한 사랑은
나의 생각을 강요하지만,

성숙한 사랑은
상대를 이해하고 있는 그대로를 받아들입니다.

미숙한 사랑은
상대가 옳을 때만 곁에 있어주지만,

성숙한 사랑은
상대가 틀릴 때도 곁에 있어 줍니다.

미숙한 사랑은
잘나고 똑똑한 것을 좋아하지만,

성숙한 사랑은
못나고 부족한 것도 좋아합니다.

미숙한 사랑은
늘 상대에게 충고하려 들지만,

성숙한 사랑은
늘 상대를 도우려 합니다.

미숙한 사랑은
크고 특별한 일에만 관심을 두지만,

성숙한 사랑은
평범하고 작은 일에도 관심을 둡니다.

미숙한 사랑은
자신의 장점만을 내세우지만,

성숙한 사랑은
자신의 있는 그대로를 내보입니다.

미숙한 사랑은
성공과 결과만을 좋아하지만,

성숙한 사랑은
과정과 실패도 좋아합니다.

미숙한 사랑은
모든 상황을 심각하게 받아들이지만,

성숙한 사랑은
가벼운 웃음으로 세상을 맞이합니다.

미숙한 사랑은
개성과 돋보임을 좋아하지만,

성숙한 사랑은
조화와 어우러짐을 좋아합니다.

미숙한 사랑은
일방적이고 주관적인 것을 힘으로 착각하지만,

성숙한 사랑은
쌍방적이고 객관적인 것을 힘으로 생각합니다.

미숙한 사랑은
이길 수 없는데도 애써 이기려하지만,

성숙한 사랑은
이길 수 있는데도 일부러 져줍니다.

미숙한 사랑은
자신의 권리를 내세워 더 큰 권리를 얻으려 하지만,

성숙한 사랑은
자신의 권리를 포기함으로 더 큰 권리를 얻습니다.

미숙한 사랑은
자신의 뜻이 관철되지 않으면
세상이 안 되는 것들로 가득 차 있다고 불평하지만,

성숙한 사랑은
먼저 자신을 변화시키는 것으로
세상의 변화를 꿈꿉니다.

사랑은
이러이러해야 한다고 정의하는 것을
무척이나 싫어하는
한 남자가 있었습니다.

그 남자는
매일같이 여자를 만나 노닥거리는 것은
시간 낭비라고 생각했고,
얼굴만 마주 본다고 사랑이 깊어지는 것은 아니라고
주장했습니다.

그러던 어느 날,
그는 한 여자를 만났습니다.
그리고 사랑을 그리워하는 그녀에게
자신은 바람이라고 소개했습니다.

그 후 그는
스치는 바람답게
잊혀질 만하면 그 여자에게 연락을 했고,
바람같이 나타나곤 했습니다.

그리고
자신의 외로움을 애써 달래면서도,
그 여자에게 빠져들지 말자고
스스로에게 다짐했습니다.
그녀와는 적당한 간격을 유지하고…
그녀에게 집중되는 마음을 분산하면서…

그러던 어느 날,
그 남자의 여자는 그에게서 떠나갔습니다.
기다림에 지쳤다면서…

시간이 흐른 뒤…
그는 다시 다른 한 여자를 만났습니다.

하지만
그는 아무 것도 할 수가 없었습니다.
늘 바쁘고 자기 관리에 철저했던 그녀 앞에서
그는 한낱 소품일 뿐이었습니다.

그는 멋진 데이트와 황홀한 포옹을 꿈꾸며
불길처럼 타오르는 사랑의 감정에,
틈나는 대로 만나고자 했지만
그녀는 여전히 바빴습니다.

그래서
그는 애타는 마음으로 사랑에 목말라했고,
옛사랑을 추억했습니다.
'사랑은 이지적인 지성이 아니라 주고받는 감정'
이라는 사실을 절감하면서…

미숙한 사랑은
냉철함과 단호함을 좋아하지만,

성숙한 사랑은
따스함과 친절함을 좋아합니다.

미숙한 사랑은
상대가 울 때 그 이유를 묻지만,

성숙한 사랑은
상대가 울 때 같이 웁니다.

미숙한 사랑은
상대가 항상 내 곁에 있어주길 원하지만,

성숙한 사랑은
내가 항상 상대 곁에 있어줄 준비가 되어있습니다.

미숙한 사랑은
'나를 이해해 줘!'라고 말하지만,

성숙한 사랑은
'너를 이해할 수 있어!'라고 말합니다.

미숙한 사랑은
인연도 악연으로 이끌어가지만,

성숙한 사랑은
악연도 인연으로 이끌어갑니다.

미숙한 사랑은
입으로 말하기를 좋아하지만,

성숙한 사랑은
가슴과 행동으로 말하기를 좋아합니다.

미숙한 사랑은
크게 싸웠을 때 사랑이 끝났다고 생각하지만,

성숙한 사랑은
크게 싸운 후에 진정한 사랑이 무엇인지를 깨닫습니다.

미숙한 사랑은
수시로 사랑을 다짐받으려하지만,

성숙한 사랑은
잔잔한 미소로 사랑을 지켜나갑니다.

미숙한 사랑은
행복을 어느 날 주어지는 큰 덩어리로 생각하지만,

성숙한 사랑은
행복을 나날이 주어지는 사소한 이득으로 생각합니다.

미숙한 사랑은
사랑으로 완전한 행복을 이루려 하지만,

성숙한 사랑은
인생은 불완전하다는 사실을 받아들임으로써
사랑을 완성시켜나갑니다.

미숙한 사랑은
작은 불행도 크게 확대해서 고민에 빠져들지만,

성숙한 사랑은
큰 불행도 축소해서 작은 것으로 처리해버립니다.

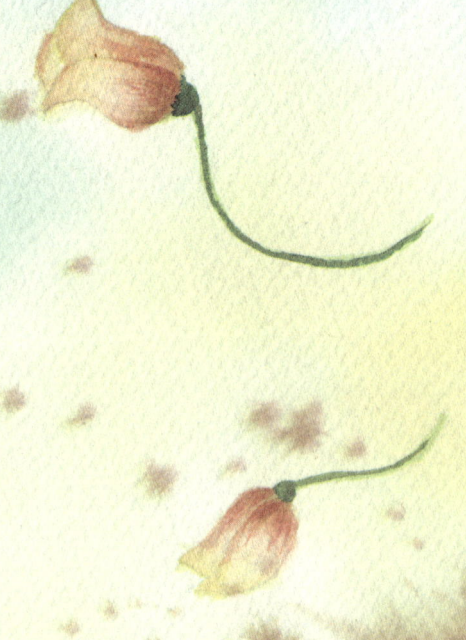

미숙한 사랑은
고난과 불행을 피하려고만 하지만,

성숙한 사랑은
풍랑과 파도를 거부하지 않습니다.

미숙한 사랑은
주어진 고난 앞에서 좌절하지만,

성숙한 사랑은
주어진 고난 뒤에 다가올 축복을 바라봅니다.

미숙한 사랑은
지나간 하루를 아쉬워하지만,

성숙한 사랑은
아침에 일어났을 때 마술처럼 주어진
새로운 24시간에 놀라워합니다.

어느
한 사람만을 사랑하는 것은
손해 보는 일이라고 생각하는
한 남자와 한 여자가 있었습니다.

그들은
가능하면 모두 다 사랑하리라고
다짐했습니다.

그래서
그 남자와 그 여자는
많은 사람들과 사랑을 나누고,
그 사랑 안에서 만족해했습니다.

그들은
풍요 속의 빈곤을 느낄 때마다,
다 가질 수 없는 당연함에 스스로를 달래고
또 다시 다른 사랑을 찾아 헤맸습니다.

그러던 어느 날,
그 남자와 그 여자가 만났습니다.

그들은 내면에서 출렁이는
서로에 대한 사랑을 애써 외면하면서
각자 다른 사랑을 인정해 주기로 했습니다.

그 남자는
다른 여자를 사랑한다고 했고,
그 여자 또한
다른 남자를 사랑한다고 했습니다.

그래서 그들은
서로의 부유하는 사랑을 확인하면서,
차츰 멀어져 갔습니다.

그렇게 다시 계절이 바뀌고,
그 남자와 그 여자는
또 다른 사랑을 찾아 헤맸습니다.

그리고
언제나 채워지지 않는 마음으로,
사랑은 양이 아니라는 것을…
부유하는 사랑은 오히려 공허감만 키워간다는 것을…
깨달았습니다.

미숙한 사랑은
더 나은 상대를 찾으려다 목마름만 키워가지만,

성숙한 사랑은
지혜롭게 결단하고 감사하며 기쁨을 채워갑니다.

미숙한 사랑은
관념과 감각으로 행복을 찾지만,

성숙한 사랑은
의지와 행위로 행복을 찾습니다.

미숙한 사랑은
그 남자, 그 여자를 좋아하지만,

성숙한 사랑은
그 사람을 좋아합니다.

미숙한 사랑은
육체적 사랑을 사랑의 본봉으로 생각하지만,

성숙한 사랑은
육체적 사랑을 사랑의 보너스로 생각합니다.

미숙한 사랑은
내가 늘 상대의 관심을 끌려 하지만,

성숙한 사랑은
내가 늘 상대에게 관심을 가져줍니다.

미숙한 사랑은
그 사람이 내게 섭섭하게 했던 것들만을 생각하지만,

성숙한 사랑은
내가 그 사람에게 소홀했던 것들만을 생각합니다.

미숙한 사랑은
나 혼자서 무엇을 해주려고 애를 쓰지만,

성숙한 사랑은
함께 무엇인가 만들어가려고 애를 씁니다.

미숙한 사랑은
상대방의 드러난 약점을 지적하지만,

성숙한 사랑은
상대방의 숨겨진 장점을 찾아냅니다.

미숙한 사랑은
상대가 다가오는 만큼 가까워진다고 생각하지만,

성숙한 사랑은
내가 다가서는 만큼 가까워진다고 생각합니다.

미숙한 사랑은
설득으로 자신의 뜻을 관철시키려 하지만,

성숙한 사랑은
오고가는 대화로 자신의 뜻을 관철시키려 합니다.

미숙한 사랑은
상대가 물에 빠졌을 때 구조할 도구를 찾지만,

성숙한 사랑은
상대가 물에 빠졌을 때 주저 없이 뛰어듭니다.

미숙한 사랑은
받는 선물과 서비스로 기뻐하지만,

성숙한 사랑은
주는 애정과 희생으로 즐거워합니다.

미숙한 사랑은
상대의 올바른 충고에 자존심상해 하지만,

성숙한 사랑은
상대의 올바른 충고에 진심으로 감사합니다.

미숙한 사랑은
상대가 불만을 토로할 때
그것을 당연하다고 생각하지만,

성숙한 사랑은
상대가 불만을 토로할 때
'그런 모습 당신한테 어울리지 않아요,
일어나서 당신의 문제를 해결하세요.' 라고
말을 합니다.

성숙한 사랑은 사랑을 체질화 합니다.